작은 감성의 조각들

조위제 시집

시사랑음악사랑

스마트 폰으로 시를 짓는 젊은 시인

 그는 한국적인 문학 풍토에서는 보기 드물게 활발한 열정으로 작품 활동을 하는 시인이다. 펜으로 원고를 쓰던 시대에서 컴퓨터 자판으로 넘어가 어느덧 인터넷에 글을 올리고 스마트 폰을 이용해 손쉽게 글을 쓰고 간편하게 공유를 할 수 있는, 새로운 인터넷 문화와 문학이 자리 잡고 있다. 기성세대 시인들에게는 자칫 어려울 수 있는 이 문화에 뒤처지지 않고 당당하게 문인의 자리에 우뚝 서 있는 시인이 있다. 그의 노력과 열정이 문학에 대한 사랑이 얼마나 지극한 것인지 시인을 보며 절로 감탄하게 된다. 조위제 시인은 고희(古稀)를 지나 산수(傘壽)를 바라보며 달려가는 시인이지만 그를 소개하는데 '젊음'이라는 단어를 자꾸 들추게 된다. 그 이유에는 열정과 정열 그리고 '젊음'이라는 단어가 제법 잘 어울리는 시인이기 때문이다.

조위제 시인의 작품에는 현대적 서정성을 내포한 것을 볼 수 있다. 이는 시를 쓰는 시인이나 시를 읽는 독자 모두 공감을 형성할 수 있는 소재여야 하는데 그것을 표현하기가 쉽지 않은 장르이기도 하다. 하지만 시인은 적절한 표현력으로 은유와 환유의 기법을 잘 살려가면서 문장을 이끌어 가고 있다. 서정시라는 것은 자기 내면의 감정이나 정서를 솔직하게 표현하는 것으로 인간 그 자체의 존엄을 나타낸다고도 할 수 있다. 따라서 서정시는 주관적인 개성의 문학인 동시에 자신의 감정을 표현함으로써 독자들로 하여금 대리 만족의 기분을 느끼게 한다. 그런 시를 짓는 조위제 시인의 작품집을 소개하게 되어 기쁜 마음이다.

　그는 문우로서 형님 같은 인자함으로 늘 동료 문인들을 품어주고 이끌어주는 속 깊은 시인이기도 하다. 지금까지 살아오면서 가슴 한 편에 간직했던 문학도의 꿈을 이제는 바깥 세상에 내놓으려 열정을 담아 원고를 보내준 조위제 시인께 감사한 마음이다. 시집 출간을 축하하며 시인이 풀어내는 작품세계를 독자와 함께 공유할 수 있는 시집으로 기억되길 바란다.

사단법인 창작문학예술인협의회 이사장 김락호

시인의 말

  어릴 적 학창시절에 학교 문예지에 수십 편의 글을 쓰곤 했지요. 오랜 세월이 지난 지금에야 돌이켜보면 글답지 않는 글들로! 그래도 세상의 때 묻지 않은 순수함이 있었지요. 문학 소년의 꿈이 사춘기를 겪고 군대를 갔다 오고 직장생활을 하면서 펜을 잡고 글을 쓰겠다는 생각은 까마득히 잊고 세파에 휩쓸려 살다 보니 무심한 세월이 지난 지금에 내 이름으로 된 글 한 줄은 남겨야 하겠다는 생각이 들어 투고한 시 한 편이 신문에 실리는 계기가 되었지요. 아직도 설익은 풋냄새 나는 변변찮은 글을 모아 〈대한문학세계〉에 정식으로 등단을 하고 이제 처녀 시집을 출판하게 되니 한편으로 기쁘기 한량없고 또 한편으로는 조심스러운 걱정이 앞섭니다.

시(詩)를 쓴다는 것이 마음속의 감성을 함축된 글로 표현을 하는 것이지요. 사람마다 개성이 다르고 환경이 다르다 보면 생각 또한 천차만별하겠지요. 살아오면서 喜怒哀樂의 감성을 부끄러운 글로 세상 밖으로 내보내는 마음이 딸을 시집보내는 마음입니다.

이 책이 나오기까지 사단법인 창작문학예술인협의회, 대한문인협회 김락호 이사장님과 시음사 편집부에 깊은 감사드립니다.

이 책을 접하시는 모든 분께 건강과 행복이 충만하시길 기원 드립니다.

시인 **조위제**

목차_1

살맛 나는 세상을 만들자	13
비 내리는 터미널	14
이별 편지	15
대둔산	16
나목	17
대추나무	18
성묘	19
미련	20
세월아 천천히 가렴	21
채소밭	22
향수	23
기지국	24
낙엽	25
그 여인	26
고향 집	27
경의선아 동해선아	28
해바라기 어머님	30
향불을 피우면서	31
기러기 아빠	32
곶감	33
눈 오는 날에	34
만추	35
깨끗하고 튼튼한 씨앗 하나 심자	36

목차_2

동지 팥죽	38
송년(送年)	39
흔적	40
못 보낼 편지	41
설경(雪景)	42
설 차례상 앞	43
빚진 사랑	44
작은 것부터 내가 먼저	45
초춘(初春)	46
비밀과 양심	47
젊은 추억	48
인생 열차	49
파문(波紋)	50
봄	51
봄 마중	52
사랑의 밧줄	53
모성 본능	54
목욕 가는 날	55
춘곤(春困)증	56
천사의 미소	57
민들레 꽃	58
추억 한 장	59
망부 사모제	60

목차_3

속임수 (염색)	61
옥수수	62
호국 영령의 영전에	63
독립 기념관	64
빛바랜 그리움	65
그리움 1	66
그리움 2	67
국회 의사당에서	68
소나기	70
노인의 날에	71
까치밥	72
눈 내리는 동지(冬至)	73
대둔산 수락계곡 얼음축제	74
새싹	75
봄 한 잔	76
그 이름 천안함	77
낙화암	78
사월 초파일	79
배신자	80
감나무와 까치밥	81
현충일에	82
한 쌍의 나비	83
봉선화	84

목차_4

망발	85
일탈의 행복	86
풍성한 이 가을	87
가을 앓이	88
세족(洗足)식에	89
이산가족	90
갈대와 갈바람	91
용꿈을 꾼 녀석	92
동창회	93
나목(裸木)의 눈물	94
초심(初心) 분실	95
그 찻집	96
겨울밤에	97
촛불	98
봄을 캐는 아낙네	99
비에 젖는 가로등	100
아카시아 꽃	101
내가 사는 산촌(山村)	102
인생 여로(旅路)	103
도망자	104
조문(弔問)	105
벌초(伐草)	106
추석 고향 가는 길	107

목차_5

대단한 금배지	108
가을이 익는다	109
아픈 인연	110
들국화	111
고희(古稀)날 아침에	112
장가계 여행	116
명곡관	117
우리 고장 논산	118
새만금 방조제	119
춘색(春色)	120
연극 무대	121
바다 사나이 (해양 모험가)	122
가을비	123
포장마차	124
입동 날의 산사	125
마지막 잎새	126
새벽길	127

작은 감성의 조각들

QR 코드

제목 : 추석 고향가는 길
시낭송 : 최명자
스마트폰으로 QR 코드를 스캔하면
시낭송을 감상할 수 있습니다.

제목 : 감나무와 까치밥
시낭송 : 이은숙
스마트폰으로 QR 코드를 스캔하면
시낭송을 감상할 수 있습니다.

살맛 나는 세상을 만들자

조금 더 서로 사랑하면
조금 더 서로 배려하면
조금 더 서로 칭찬하면
조금 더 서로 친절하면
조금 더 서로 웃어주면
조금 더 슬픔을 나누면
조금 더 기쁨을 같이하면
내가 먼저 인사하면
살맛 나는 세상 될 텐데.

비 내리는 터미널

기쁨과 이별이
공존하는 터미널
슬픔의 눈물인가
비가 내린다.
숨죽여 숨어 있던 이별이
내게로 올 줄이야
우산을 받쳐 들고
고개 돌려 흐느끼는 사람아
잘 가세요 잘 있어요
님 떠난 터미널에
궂은비만 내린다.

이별 편지

이십일 년을 내 곁에서
기쁨 주고 귀염 받던 널
보내려니 가슴이 미어진다.
너와의 연이 여기까지냐?
고마웠다 재동아
외로움이 무섭게 엄습해 와도
네가 있어 외롭지 않았고
같이 산책하고 놀던
이 터전도, 나도 두고
가는 너를 보낸다.
다음 생에 좋은 연으로
다시 만나자 재동아

대둔산

대둔산 878미터
큰 대 자에 새싹 돋아날 둔 뫼 산
큰 새싹이 돋아난다는 산이지요.
산 좋고 물 맑은 수락 팔경
삼복더위에도
한기가 느껴지는 군지계곡!
선녀가 내려와 목욕을 했다는
선녀 폭포
수락폭포 비선폭포 비경이지요.
운해 속에 떠있는
수줍은 석천암
구름다리 삼백삼 계단
월성봉 흔들바위
탑정호 황산벌 내려다보고
계백의 오천 결사대
빨치산 물리치고 숨겨간 넋이 잠든 승전탑
백제의 옛 터전에
우뚝 선 대둔산.

나목

움트고 꽃피워
무성하던 잎
낙엽으로 보내고
벗은 채
빈 가슴
겨울로 가네.

대추나무

활엽수도 침엽수도 아니면서
날카로운 가시 지닌 나무
크지도 않는 볼품없는 열매지만
조율이시
과일의 맨 첫 자리
씨가 하나뿐인 대추가 왕을 상징
우의정 영의정 좌의정 밤 세 톨
육조판서 배 씨가 여섯
벼락 맞은 대추나무 인장의 으뜸
인장은 나의 분신
조선나무 대추나무.

성묘

살아생전
자나 깨나 자식 걱정
애태우시고
가진 것 다 내주시고 가셔서
산허리 양지에 누워 계신 부모님
애간장만 녹여 드리고
이 자식은
해 드린 게 아무것도 없네.
일 년에 두세 번
묘소에 찾아뵙고
술 한 잔을 올리고
무릎 꿇고 통한의 눈물로
엎드려 절 올립니다.

미련

미련의 끈이 나를 휘감아
문득 가버린 그 사람 생각나
가슴 아린 그 이별이
빛 바랜 추억으로 돌아와서
내 곁에 머물면
무정한 세월을 탓하랴마는
그래도 못잊어
내 가슴 파고드는 그리움
흐르는 세월 끝자락 붙들고
한세상 행복하게 살라고
이 밤에 빌어본다.

세월아 천천히 가렴

오늘이 어김없이 또 간다
내일 오기 위해서 가는가?
가고 오는 반복된 흐름 속에
세월이 간다.
서로 사랑하고 베풀고 좋은 일 하고
할 일이 너무 많은데
너는 쉴 줄도 모르고
빨리 가는 너를 붙들 수도 없으니
어찌해야 옳으냐?
오늘도 나는 바보가 되어 되뇐다
세월아 좀 천천히 가렴.

채소밭

밭 갈아 씨 뿌리고
연두색 새싹 돋아나
땅을 뚫고 나온 자연의 힘
가녀린 싹들을 꽃에 비할까
잡초 뽑고 거름 주고
가뭄 오면 물 주고
내 발걸음 소리 귀 기울이며
잘 자라준 무우 배추 갓
빨갛게 맛깔스러울
김장철을 기다린다.

향수

삶이란 무게에 눌려
머리 들어 숨 한 번 크게 쉬고
하늘을 연다.
흰 구름이 머무른 곳
저기쯤 아래 정든 내 고향
지금은 그 누가 살고 있을까
개울 건너 초가삼간 집
어릴 적 친구들
할아버지 되어 있을
내 마음 구름 타고 고향에 간다.

기지국

너 외로이 우뚝 솟아
인간 세상사 다 듣고 있는 너
그러고도 한마디의 대꾸도 없이
알면서도 모르는 척

모래알같이 많은 사연
죄다 끌어안은 채
웃지도 울지도 성내지도 않고
그저 침묵으로 서 있는 너

외로운 너 친구인 양
숱한 새들의 잠시 쉼터
오늘도 새들이 조잘대곤 날아간다
지상의 등대 너 기지국.

낙엽

너 가는 길이 어디기에
보내는 마음 애가 타고
떠나는 마음 피멍 들었나
꽃피우고 모진 폭풍우 이겨낸 너
가지와 맺은 정을
너 어이 잊으려고
바람에 실려 가려는가
아쉬운 이별에 얼굴 붉힌 너
스산한 바람에
파르르 떨고 있는 잎새여.

그 여인

추억의 저편으로 간 여인
어쩌다 생각나고
가끔은 궁금한 것은
옛날에 꿈 많던 시절 너 없인 못한다고
사랑도 행복도 우리 것인 양
조금 일찍 멀어져간
우리의 인연이 거기 까진 걸
운명인 걸 어이하리
세상사 모두가 뜻 같지 않으니
주어진 환경에 순응하며 사는 것
땀방울과 눈물방울은 거짓이 없거늘
어느 하늘 아래 살더라도
건강하고 복되게 살라고
추억의 끝자락 붙잡고 빌어본다.

고향 집

골목 어귀 줄지어 선 코스모스
인사를 하는지 흔들흔들!
고향 집 담장 밑엔
흐드러진 구질초 진한 향!
마당 멍석 위 널어놓은 빨간 고추
빨랫줄에 얼기설기 호박 곶이 말라간다.
어머이요~ 제 왔심더
마루 옆 강아지 쪼르르 달려와
꼬리 흔들며 먼저 반긴다.
그래 아이고 내 새끼 왔구나.
굵어진 억센 손이 나를 덥석 끌어안고
거친 볼을 갖다 대며 비벼대시는 어머니
야윈 얼굴에 모진 세월의 계급장!
사랑합니다.
어머이 오래오래 사이소.

경의선아 동해선아
― 2007.5.17 북행열차 운행하던 날

열렸다 열렸구나!
오십하고도 육 년 만이다
철마가 달려갈 철길이 열렸구나!
꿈에서만 오갔던

그 염원의 길이
철마에 실었다
칠천만의 꿈을 실었다
밝은 미래도 함께 실었다!

기적소리야
힘차게 크게 울려라
얼마더냐 기다린 날들이
분단의 한이… 아픔이… 눈물이!

하나 된 힘으로 힘차게 달려라
저- 유라시아 대륙을 향하여
달려라. 거침없이 머뭇거림도 없이
힘차게 달려다오

한민족의 번영을 가득 싣고
가슴이 떨려온다 피가 끓는다!
반세기가 넘었구나! 기다린 세월이
영원히 멈추지 말아다오
경의선아! 동해선아!

해바라기 어머님

우리 어머님은요
해바라기였지요.
비가 와도 눈이 와도
바람불면 날아갈까
애지중지 이 자식을
당신 입은 다무시고
자식 입 먼저 챙겨주시던…

집 나서는 나를
모퉁이길 돌아 안 보일 때까지
바라보시던 어머님
우리 어머님은요
나만 바라보시던
해바라기였지요.
해도 아닌 나만 보고 사시던
해바라기였지요!

향불을 피우면서

사랑하는 처자식을 두고서
어이 눈을 감으셨소.
다시 못 올 먼- 길을 어이 혼자 가려오?

공수래공수거라 했던가요.
험한 세파에 떠밀리지 않으려고
아등바등 살아온 날들이여

숨소리 멎어지는 날
모-든 게 끝인 것을…
잃은 것은 무엇이며 남은 것은 무언가?

부귀도 영화도 무엇에 쓸고
남은 사람 오열 속에 다시 볼 날 없음을
잘가오 잘가오 부디 부디 잘가오.

사랑도 미움도 기쁨도 슬픔도
사시는 동안 고생 많으셨소!
무거운 짐 내려놓고 편안히 잘가소서.

기러기 아빠

애지중지 키운 자식
자식은 부모 맘 알기나 할까
자식 잘 키워 보겠다고
엄마와 자식 바다 건너보내고
바다를 가운데 두고
견우와 직녀도 아니면서
나는야 짝 잃은 외기러기
기러기 아빠.

곶감

붉은 가을 한가득 따
곱게도 깎아
주렁주렁 매달아 놓고
화장하고 나오면
우는 아이 달래고
호랑이도 물리친
쫄깃하고 감칠맛
줄지어 선 곶감
보기도 좋아라.

눈 오는 날에

순결함이 내린다.
하얀 그리움이 내린다.
행복하자던
발자국 찍으며
팔짱 끼고 걷던 길
지금은 가고 없는
첫사랑 그 여인
잊혀졌던 숱한 사연들이
하얀 송이송이
소리 없이 내린다.
하염없이 내린다.

만추

이 풍성한 가을
시샘이라도 하는 양
날씨가 변덕을 부린다.
가는 가을을 보내주기 싫어시인가?

감나무에서 빨갛게 가을이 익는다.
빨간 단풍나무에서도 단풍잎 꽃비가 내리고
황금 들판엔 콤바인 추수가 한창
수건 쓴 할머니가 깻단을 턴다.

때늦은 새참
둘러앉은 환한 얼굴들
내년의 풍년을 기약하며
주거니 받거니 막걸리잔 돌아가네

깨끗하고 튼튼한 씨앗 하나 심자

며칠전 뉴스 시간에 단돈 800원 횡령으로 말미암아
버스기사가 버스회사로부터 해고 처분을 받은 것이
정당하다고 법원판결이 나왔다.
기사와 회사 간의 신뢰가 무너졌다고
물론 법치로 따지자면 그러겠지요. 일벌백계로.
아무리 사소한 것일지라도 신뢰가 무너지면
아니 된다는 것을.
그리고 이번에 또 벤츠 여검사 사건은 어떻고
나이 사십도 안된 젊디젊은 공직자 신분을 망각한 채
다른 동료검사에 청탁까지 하는 작태에
한숨이 절로 나온다.
과연 우리네 서민은 누구를 믿고 살까?
또 다름 아닌 부를 누리는 자들 물론 모두가
그렇다고는 하지 않겠다.
부를 위해서는 온갖 부정? 편법을 동원해서
우리네 서민으로서는 그 부피 무게조차도 상상키
어려운 수십억 수백억 아니 수천억씩이나 꿀꺽하고도
꿀 먹은 언어장애인 되어 많은 돈 들여 이름 있는
변호사 선임해놓고 무죄 아니면 추징금 얼마로
끝맺음을 볼 때 분노가 치밀어 오른다.
요즘 세태가 너무나 이기적인 사고 때문으로 본다.

상대를 배려하는 마음은 줄어들고 아니면 말고 하는 식
장난삼아 던진 돌에 맞은 개구리는 중상 아니면
사망임을 모르는 안타까움!
시로가 믿고 사는 세상이 자리 집아야 하는데
그 신뢰가 들어와 자리 잡고 있을 틈을 우리가
만들어야 하지 않을까.
그래서 토양 좋은 땅에
깨끗하고 튼튼한 씨앗 하나 심자는 것입니다.
뿌리 깊게 박고 가지 무성하게 뻗어 병충해도 이기고
모진 태풍도 견디어 튼실한 열매 매달리면 그 열매
골고루 따먹고 행복하게 살자는 바람을 해본다.

동지 팥죽

엄동설한
추운 마당 한편에
가마솥 걸고서
매운 장작 연기 피고,
붉은 겨울이 끓는다.
풀떡, 풀떡
하얀 새알이
고개 내밀어 인사하고
숨어버린다.
붉은 나이를 먹는다.
속절없이 한 해가 간다.

송년(送年)

이천십일 년
신년 일출
부푼 희망을 품고 맞았다.
희, 노, 애, 락, 삼백육십오 일
너와 이별의 아쉬움
이 엄동설한에
서쪽 바다 너머로
숨어버리는 너
내일은 또 다른 희망으로
동쪽 바다에서 다시 솟겠지
더 많은 꿈과 희망을 기다릴게.
안녕, 이천십일 년.

흔적

앞서 간 발자취
현재의 뒷모습
부끄럽지 않을
당당한 흔적
고운 흔적을.

못 보낼 편지

이 밤
나는 또 편지를 쓴다.
우표를 붙여도
전하지도 못할 사연들을
지구촌 어디든 가는 서신이
지척인 휴전선 이북 땅
안부는커녕
생사조차도 알길 없는
피맺힌 한세월을
가슴에 묻고
부질없는 편지를 쓴다.

설경(雪景)

설경
하늘이 내려주신 선물
인간이 감히 흉내 낼 수 없는
자연의 신비
경이로움
위대한 선물

설 차례상 앞

세신(洗身)세심(洗心)
설빔 곱게 차려입고
위패 앞에 촛불 켜고
향불을 피운다.
조,율,이,시
홍동,백서
어동, 육서
좌포,우혜
정성으로 만든 음식
진설해놓고
술 한 잔에 떡국 올린다.
아들 며느리
손자 손녀 두 손 모으고
조상님께 큰절 올립니다.

빚진 사랑

어머이
떠올리기만 해도
가슴이 찡하고
눈물이 핑 돈다.
철없던 시절
애간장 다 녹이고
지지리 속만 썩인 이놈
주시기만 한 어머이 사랑
그 사랑 받기만 했던 못난놈
나이 먹고 철드니
가시고 안 계신 어머이
빚진 그 사랑 갚을 길 없어라!

작은 것부터 내가 먼저

오늘부터 내 주위에 작고 쉬운 것부터라도 베풀고 살자고
지금부터 33년 전에 어느 노스님에게서 들은
천당과 지옥 사이라는 이야기를 소개합니다.
천당에 사는 사람들은 환한 얼굴을 하고 행복한 모습인데
지옥에 사는 사람들은 피골이 상접하여
아사 직전의 모습이었답니다.
그 모습의 원인을 알아본즉
천당과 지옥은 똑같은 지름이 2미터가 되는 식탁위에는
산해진미의 음식이 쌓여있답니다.
식탁위에는 1미터짜리 젓가락이 놓여 있고 천당과 지옥에
사는 사람들은 모두가 팔꿈치가 구부려지질 않는다는
것입니다.
천당에 사는 사람들은 맛있는 음식을 젓가락으로 집어서
건너편에 앉아 있는 사람 입에 넣어주면서 웃고 받아먹은
사람도 맛있는 음식을 집어서 건너편 사람에게 먹여주니
서로가 맛있는 음식을 잘 먹고 행복하게 살고 있고
지옥에 사는 사람들은 맛있는 음식을 1미터짜리
젓가락으로 맛있는 음식을 집어서 자기 입에만 넣으려니
그 음식이 자기 입으로 들어갈 수가 없지요.
그래서 지옥에 사는 사람들은 아사 직전일 수 밖에 없죠.
백지장같이 얇디얇은 마음 하나 차이랍니다.
그래서 자랑 서러운 우리 문인협회님들이
솔선수범으로 작고 쉬운 것 하나부터라도 내가 먼저 베풀어
보자는 말씀을 드려봅니다.

초춘(初春)

잔설 남은 산골짜기
겨울 이겨낸 나목들
수정 얼음 밑에선
쪼르륵 쪼르륵
봄 오는 소리
바위 밑 개구리
깊은 잠 깰까
아직도 입춘은
저 만큼 있는데…….

비밀과 양심

인생살이
누구나 하나쯤
말 못할 사연
부끄러운 과거
선의든, 악의든
진실이든, 거짓이든
가슴에 묻은 그 비밀
양심은 알리라.

젊은 추억

휘영청 보름 달빛 아래
청춘을 노래하고
행복을 꿈꾸면서
주고받은 그 밀어
손가락 걸던 그 약속
짓밟고 떠난 이여
젊은 날의 그 추억
어디서 어떻게 사는지
건강히 복되게 살기를….

인생 열차

출발하면 되돌아올 수 없는 차
환급도 안되는 열차표
왕복도 아닌 편도표 한 장
손에 쥐고 탑승한 인생 열차

옆자리에 앉은 부인 승객
품에 안은 아기 승객
열차 속에 희, 노, 애, 락

누가 먼저 내릴지
종착역이 어딘지도 모르고
고장도 없이 달리는 인생 열차.

파문(波紋)

얼음 풀린 내 연못에
돌 던지지 마오.
잔잔한 내 마음
파문(波紋)이 인다오.
가던 발길 그대로 가오.
뒤 돌아본다면
이 마음 아프니까요.
나도 가는 당신 뒷모습
안 보려 하오.

봄

살랑이는 봄바람에
봄 내음 묻어오고
물새 우는 실개천엔
쪼르륵 졸졸 봄 오는 소리

따사로운 봄볕에
살 오른 버들강아지
산 너머 남녘에서
춘삼월 봄 아가씨는
아지랑이 타고 오시려나.

봄 마중

개울 옆에서 시린 발 딛고
울고 서 있는 나목
북풍한설 견디면서

동장군 숨어있는
웅크리고 빠져나온
겨울의 긴- 터널

매화꽃 앞세우고
아지랑이 타고 오는
수줍은 봄 아가씨
환한 미소로 반갑게 맞으리.

사랑의 밧줄

사랑은 밧줄이다
양 끝을 잡고 하는
줄다리기 게임
저쪽에서 당기면
못 이긴 척 끌려가고
이쪽에서 당기면
저쪽이 끌려온다
한쪽이 놓으면
한쪽은 넘어진다
양쪽이 같이 당기면
끊어지고 마는
사랑의 밧줄

모성 본능

철없어 보이는 앳된
아기 같은 아기 엄마
돌이 막 지난 듯한 아기를
무릎 위에 앉히고
후후 불면서
밥숟가락을 아기 입에 넣어주며
아이고, 잘 먹네! 우리 아기
연실 어르면서
흘린 밥알 엄마 먹고
아기에게 밥을 먹인다.
제 새끼 밥 먹이는 어린 엄마
모성 본능을 본다.

목욕 가는 날

이른 아침
목욕 가방 하나 달랑 챙겨 들고
가벼운 걸음으로 목욕탕엘 간다.

겉치레 옷들을 훌렁훌렁 벗고
벌거숭이 알몸으로
뿌연 김 서린 목욕탕
샤워 꼭지의 시원스런 물줄기
쏴아…… 알몸을 때린다.

면도질에 칫솔질까지
비누질로 온몸 구석구석 청소 작업
따스한 탕 속에 잠긴 모습들

허례허식도 없고
빈부의 격차도, 계급장도 벗어 놓은
이방지대의 육신들

몸의 때야 씻으면 되지만
세파에 찌든 마음의 때
그것까지도 씻으면 좋으련만
씻을 길 없으니……
마음의 때는 또, 안고 가야 하나?

춘곤(春困)증

겨우내 웅크린 몸이
봄 오는 소리에
기지개를 켠다.

점심 밥숟갈 놓고 앉으니
온몸이 나른하고
쏟아지는 졸음에
내려앉으려는 눈까풀
천근만근 무거워라.

토해내는 하품에
입 찢어지겠네!

천사의 미소

본 적이 없는 천사의 미소가
이만큼 아름다울까
난, 오늘 점심시간에
천사의 미소를 보았다.

연세가 팔순은 되어 보이는
할아버지와 할머니
곰탕으로 식사하시는 모습

아이고, 어쩌나
치매 앓으시는 할머니
할아버지께서
할머니의 수저 든 손을 당겨
이것도 먹어요, 하신다.

할머니의 티 없이 맑으신
아기 같으신 고운 눈길
부끄러운 듯한 미소
난, 오늘 천사의 미소를 보았다.

민들레 꽃

외진 길 가 풀숲에
키 작은 꽃, 노란 민들레
앙증맞게 피었네.
하얀 솜사탕 하나 들고
민들레 홀씨 가족
봄바람 아가씨 품에 안겨
봄 여행 가려 하네.

추억 한 장

마음속에 내려두었던
추억 한 페이지가 펼쳐져
떠오르는 지난 시절
변치 말자 맹세하며
그토록 사랑했던 이여
사무치는 그리움만을
한가슴 가득 남겨 놓은 채
홀연히 떠난 사람을
오늘도 난, 너를 못 잊어
추억이 잠든 이 길을
하염없이 서성이고 있다.

망부 사모제

하얀 소복에 흰 리본 머리핀
핏기없는 초췌한 모습으로
철없는 어린 자식 손목 잡고
가신 님을 못 잊어
속으로 삼키는 흐느낌
볼을 타고 내리는 두 줄기 눈물
비석을 부둥켜안고
쓰다듬고, 또 쓰다듬고는
정성스레 술잔 올리는 떨리는 손
저세상에서 다시 만나자며
자식과 다소곳이 큰절 올리네.

속임수 (염색)

응애~ 응애~
핏덩이 배냇 머리
돋아난 자리에
하얗게 내려앉은
세월을 감춘다!

옥수수

텃밭 가에 우뚝 선
키다리 아줌마 옥수수
빨간 머리 아기를 등에 업고
고개를 쭉 내밀고 서서
서방님을 기다리는지
이제나 오시나 저제나 오실까
마중 나와서 기다리나 봐.

호국 영령의 영전에

호국의 영령들이시어
오직 한마음 구국의 일념
초개같이 목숨 바치시고
여기 잠들어 계시는 현충원
혹시나 잠 깨실까 조심, 조심
옷깃 여미고 두 손 모아 고개 숙이며
하얀 국화 한 송이 올리옵니다.

육신은 가셨지만
임들의 고귀한 넋, 조국사랑
마음에 새기며 다짐합니다.
이제는 온 국민 하나 되어
임들이 지켜낸 우리 조국 대한민국
세계 속에 우뚝 선 이 땅을
영원토록 우리가 지킬 테니
평안한 영면을 비옵니다.

독립 기념관

나라 뺏긴 한을 품고
만주벌판과, 조국의 방방곡곡
일본의 총, 칼 앞에서
당당히 맞서 싸우시던 선열이시어
삼일운동 태극기 물결
숭고한 그 정신은
꺼지지 않을 민족의 횃불 되어
다시 찾은 대한독립 만세
세계 속에 우뚝 선
G20 의장국
자랑스러운 대한민국 영원하리라

빛바랜 그리움

눈에서 멀어지면
마음에서도 멀어진다고
그렇게들 말하더이다.
미운 정, 고운 정
그 많은 추억을 한 가슴 남겨두고
멀어져간 그 여인
소멸하지 못한 빛바랜 그리움
보름달 달무리에 찾아와
미완의 빈 가슴을
내려다보며 미소를 짓네!

그리움 1

아스라이 밀려오는
아지랑이 같은 그리움이
빈 가슴 파고들어와
눈가에 이슬이 맺혀오네
굳은 약속 변해 버리고
멀어져간 여인
보고 싶은 여인아
어떻게 잊을 수가 있을까?
따스한 봄볕에도
시린 가슴은 녹을 줄 모르니!

그리움 2

당신이 내 곁을
떠나간 계절
그 가을은 또 왔는데
흐른 세월의 저편으로
건너간 당신
당신이 못 견디게
보고픈 날엔
당신 흔적을 또 찾아온 이곳
고요한 적막 속에
고개 내미는 아름다웠던
추억의 편린들 뿐.

국회 의사당에서

여기 대한민국의 입법부
오늘 이 자리에서 참고 참았던
입바른 소리 하노니
귀 좀 깨끗이 씻고
민의를 귀담아 잘 들어 주시오.
그 빛나는 금배지를
길바닥에서 주웠소이까?
이 지구촌에서 우리 국민 같은
위대한 민족을 보았소이까?
나라가 어려우면 분연히 일어나
어린 자식 돌 반지도 빼어
I.M.F 졸업 앞당기고
평화댐 건설에 벽돌 한 장 보태겠다고
십시일반 동참하는 민족을 보았소이까?

앞으로 이 국가 짊어지고 갈
청소년들 보기가 부끄럽지도 않소?
제발, 제발 부탁하오니
제일 먼저 국민민생 챙기시고
다음에 국익을 챙기시는 희망으로 거듭나시어
정치가 바로 서면 나라가 바로 섭니다.
우리 선조들이 어떻게 지킨 나라인데…

세계 유일의 분단국가 대한민국!
일본은 어처구니없는 망언으로
호시탐탐 독도를 노리고
북쪽에선 핵으로 위협하고
커가는 종북세력은 어쩌시렵니까?
살기 좋은 국가 건설에 온 힘을 쏟아주십시오.
온 국민의 간절한 바람입니다.

소나기

찜통 같은 한여름
느닷없이 먹구름 몰려와
후두둑후두둑 굵은 빗방울
쫙 소리와 함께 번쩍번쩍
우르르 쿵 꽝
땅덩이 깨질 듯 무서운 굉음
장대 같은 빗줄기
시원하게 대지를 때린다.

노인의 날에

어머니 부르기만 해도
눈물이 핑 도는 그 이름
힘들었던 보릿고개!
초근목피로 끼니를 때우고
자식은 굶기지 않으려고
샘물 한 바가지 몰래 마시고
어머니는 입을 훔치시며
나는 조금 전에 먹었다.
너희들 어서 많이 먹어라.
아버님은 새마을 운동으로
나라의 기틀을 세워 주시고
뭉뚝하신 거친 그 손길
주름진 그 얼굴
치아 없으신, 환한 합죽이 웃음!
건강하신 모습으로
저희 곁에 오래오래 머물러 주십시오.
G20 의장국, 대한민국
어르신 만세, 대한 노인 만만세.

까치밥

우리 집 담장 옆
고목된 감나무
무서리 맞은 잎들
낙엽으로 다 떠나가고
삭정이 같은 꼭대기 가지에
까치밥으로 남겨둔
홍시 세 개
까치 두 마리 날아와
서너 번 쪼아 먹고
깝죽깝죽 꼬리짓
깍깍 고맙다는 인사하고
담 너머로 날아간다.

눈 내리는 동지(冬至)

동지 아침에
눈이 내린다.
일 년 중 마지막 절기
동짓날
붉은 팥죽 끓여
집안 곳곳에 뿌려서
잡귀들 몰아내고
장독 위에 정성 한 그릇
두 손 비는 어머님
수건 쓰신 머리 위에
하얀 눈이 내리네.

대둔산 수락계곡 얼음축제

명산 대둔산
수정 같은 얼음 계곡
하얗게 눈덮인 산허리에
동심이 꽃피네!

얼음 썰매, 눈썰매
씽씽 달리는 아이들의
해맑은 웃음소리
입이 귀에 걸렸네!

이천십삼 년
계사년의 꿈을 담아
건강과 희망도 함께 실어
다 함께 달려보세.

새싹

잔설 녹은 대지에
봄비가 촉촉이 내려
봄 햇볕 따스하니
양지바른 땅속엔
소리 없이 꿈틀거릴
새싹들의 아픈 용트림
잎 피고 꽃피워
몸단장 곱게 하고
고운 발길 반갑게 맞으리.

봄 한 잔

겨우내 숙성된 효소
봄 한 잔을 마신다.
연초록 녹색 잔에
노랑, 연분홍, 붉은, 하얀 김
모락모락 피어오르는
새봄 한 잔을 마신다.
새 희망을 타서 마신다.

그 이름 천안함

두 동강이 난 천안함!
그 이름을 잊지 않겠습니다.
영원히 기억할 겁니다.
천인공노할
비겁하고도, 잔악 무도한 만행을
자행하고도
어찌 천벌이 두렵지도 않더냐?

서해를 지키시다가
인당수 차가운 물에
순국하신 임들이시어
마흔여섯 송이 무궁화
이 민족 가슴속에
영원히 지지 않을 꽃이여.

낙화암

흐르는 세월에
인걸은 간데없고
낙화암 절벽에서 떨어져 간
백제의 마지막 자존심
여인의 절개
삼천 궁녀 아리따운 꽃송이!
한 서린 혼이 잠든 백마강
고란사 풍경 소리
땡그랑, 땡그랑
그 영혼을 달래네.

사월 초파일

산사를 오르는 길목
해맑은 꾀꼬리 소리
줄지어 매달린 연등
스님의 목탁 소리 메아리 속에
지팡이 짚으신 꼬부랑 할머니
힘겨운 걸음으로
무슨 소원을 비시려고
오직 한마음, 자식 잘되라고
두 손 가지런히 합장하시고
나무 관세음보살, 나무 관세음보살.

배신자

너만을 사랑한다.
너 없인 못 산다던
그 말이 거짓이었더냐?
가지 말라고 애원해도
발길 돌린 매정한 여자야
너 떠난 뒤
눈물로 그리움을 씻고
한 가슴 가득
피멍 들게 해놓고
이제야 찾아와 어쩌라고
눈물은 왜, 눈물은 왜 흘려.

감나무와 까치밥

내 어린 시절 보았던
담장 넘어 감나무는
아버지보다 크고 높았다.

학교에서 돌아오면 어머니의
젖가슴처럼 주렁주렁 매달린
빨갛게 익은 사랑을 뚝뚝 떼어 주셨다.

어머니의 사랑과
아버지의 큰 힘을 자랑하던
감나무는 이제 옷을 갈아입었다.

삭정이와 얼기설기 지어놓은
까치집엔 허연 서리가 내리고
삐쩍 말라가는 까치밥 하나가
내가 살아온 세월을 묻는다.

현충일에

숙연해지는 아침
그 숭고한 희생의 토대 위에
오늘의 번영이 있는데
말로만 하는 호국보훈
실종된 애국심은
어딜 가서 찾을까!
행락을 쫓는 자동차 행렬
호국을 위해 순국하신 영령들의
통곡 소리 들리지 않는가?

한 쌍의 나비

초여름 한낮에
공원 나들이 나오신
팔십 대 나비 한 쌍
잠자리 날개 같은
풀 맥인 모시 한복
곱기도 하다.
한 쌍의 나비 되어
느릿느릿 춤추다가
사뿐히 벤치에 앉네.

봉선화

장독대 옆에 줄지어 핀
선홍색 봉선화
수줍은 아가씨
붉은 순정이더냐
씨주머니 주렁주렁
부푼 가슴이더냐
붉은 꽃잎 따다가
손톱 위에 싸매고
잠이 든 외손녀.

망발

천부당만부당
얼토당토않은
천만의 개 말씀
다께시마, 웃기는 소리
옛날부터 우산국 독도라네

정신 줄 놓지 말게나.
이 세상 그 누구도
그 말을 믿을 사람 없다네.

누워서 침 뱉어 보게나.
망신만 돌아오지
이젠 그만하게나
되지도 않는
그 망발을….

일탈의 행복

하얀 구름 흐르는
파란 높은 하늘을 이고
가을을 입고
고추잠자리 춤추는
코스모스 길을 걸으며
한 가슴 가득
일탈의 행복을 줍는다.

풍성한 이 가을

타들어 가던 가뭄
둑이 넘치던 장마
모진 고통 이겨내고

새떼들과 허수아비
창과 방패의 힘겨루기
승자도 패자도 없이

또, 이렇게 가을이 익어
우리 곁엔 풍요로움이
추수 끝낸 들녘에

허수아비 외롭네.

가을 앓이

깊어가는 가을날
이렇게 가을바람 스산한데
단풍잎 한 잎에 사연 실어
질기고 질긴
못 잊는 그리움 엮어
잔주름 곱게 피어있을
당신께 보냅니다.
어느 하늘 밑에 있는지요?
겨울로 가는 길목에서
당신께 가고 싶습니다.

세족(洗足)식에

우리 고장 논산은
충절과 예학의 고장
스승의 날 발원지요.
단발머리 여학생들
스승의 은혜 기리고
보은(報恩)의 세숫대야에
정성을 가득 담아
공직자들 한마음 되어
어르신의 야윈 발을 씻어드리는
따뜻한 그 손길
만인의 귀감(龜鑑)일세.

이산가족

이 지구상 어디든
못 갈 곳 없는데
철조망 하나 사이에 두고
소리쳐 부르면
대답소리 들을 것 같은
지척이건만
못 가서 못 본 통한의 세월에
눈물조차 말랐구나!
명절 때면 찾아가는 망배단에
그리움의 한을 묻고
저 세상 갈 때
눈이나 제대로 감으려나?
해도 해도 너무하는구나!
청천벽력 같은 무기 연기라니
이 한 맺힌 아픔을
서신만이라도 주고받게 해주렴.

갈대와 갈바람

금강이 불타는 태양을 품었다.
빤짝이는 금물결 위에
작은 돌멩이 하나 풍덩
일렁이며 퍼져가는 파문에
강둑에 억새꽃이 춤추고
키다리 갈대밭을 헤집고
갈바람이 울면서 겨울로 가네.

용꿈을 꾼 녀석

복잡한 잡념들을
일렁이는 파도에 띄워 보내고
낚싯대를 드리운다.

물에 빠진 세월을 낚으려나?
초조한 기다림
눈 빠지게 찌를 응시한다.

드디어 그놈이 왔다.
물속으로 사정없이 처박히는 찌
잽싼 챔질에 묵직한 느낌!

낚싯줄을 가운데 두고
힘겨운 줄다리기에 거친 몸부림
온몸으로 전해오는 짜릿한 전율!

앗! 뽈사
핑하면서 목줄이 터졌다.
이 허탈감, 허허
아마 그놈이 용꿈을 꾸었나보다.

동창회

반갑다 친구들아!
어릴 적 코흘리개 죽마고우
세월 흐른 지금도
간간이 생각나는 벗들
철없던 그 시절 못 잊고
오늘 함께한 이 자리
흘러간 세월을 되돌릴 수 없지만
오늘은 옛날로 돌아가 보자
평생을 살면서도
못 잊을 우리는 동창이잖니
술잔을 높이 들고 브라보
서로의 건강과 행운을 빌며 브라보.

나목(裸木)의 눈물

봄부터 늦가을까지
꽃피우고 탐스러운 열매 키워
푸르던 정든 잎들을
붉은 단풍으로 떠나보내고
겨울을 재촉하는 가을 빗속
벌거벗은 가지 끝에 맺힌
나목의 눈물!
툭, 투둑 툭.

초심(初心) 분실

표를 쫓던 그자들
흙 묻은 손,
손바닥에 못 박힌 거친 손,
비린내 나는 물 젖은 손,
그 손들을 부여잡고,
머리를 숙이면서
국민을 섬기겠다고,
한 표 한 표를 구걸하던
그 초심은 어딜 가고,
제 밥그릇 챙기기 바빠서
민생은 뒷전이요.
걸핏하면 밖에 나와
막말이 난무하는
당신네는 이방인인가요.
여, 야가 함께 앉아
국리(國利) 민복(民福)을 위해
머리를 맞대고 방법을 모색하는
그 모습을 보고 싶어 하오
민의(民意)는 민생 잘 챙기고,
살기 좋은 국가 건설을 원하오
제발 싸움질 그만하고,
잃어버린 초심으로 돌아가 주오.

그 찻집

눈 내리는 그 찻집 창가에 앉아
버리지 못한 미련을 붙잡고
흐르는 세월에 묻힌 애잔한 기억들
이 찻집, 이 자리에 남아있을
그대의 체취를 찾다가
퍼렇게 멍든 가슴앓이를 한다.
추억이 모락모락 피는
찻잔을 들고
그리움만 한 움큼 타서 마신다.

겨울밤에

문풍지도 울어대는
자정을 넘긴 겨울밤에
촛불을 밝혀 놓고
미련에 매달린
애가 타는 그리움에
그렁그렁 맺히는 이 눈물
나더러 어쩌라고, 어쩌라고
밤바람 너도 따라 우는구나!

촛불

엄동설한 긴-겨울밤
촛불 하나 밝혀놓고
애타는 그리움을 씹는다.
흔들리는 촛불에
아련 그리는 당신의 모습
소리 없는 가슴속 흐느낌
촛농처럼 주르륵
흐르는 이 눈물에
그리움만 쌓인다.

봄을 캐는 아낙네

모진 겨울 지나간 자리
긴- 잠에서 깨어난 개구리
짝짓기가 한참이다

파릇한 새싹 고개 내민
언덕배기 밭둑에
봄을 캐는 아낙네

오늘 저녁 밥상머리 식구들
환한 웃음꽃 피우며
향기 진한 봄을 먹겠네

비에 젖는 가로등

인적도 끊어진 깊은 밤

골목길 모퉁이에
밤비도 차가운데
눈물을 뚝뚝 떨구며
떨고 섰는 가로등아

가신 임을 그리도 못잊겠더냐?
행여 그 임 오실까봐
애간장 다 녹이며
이 한밤을 하얗게 지새우느냐?

아카시아 꽃

순백도 아닌 미색으로
주렁주렁 매달린
포도송이를 닮은 꽃
은은한 오월의 향기
날카로운 가시 뒤에
숨겨진 사랑
꽃으로 피어나
벌과 나비를 유혹한다.

내가 사는 산촌(山村)

이름 모르는 산새 소리가
아침을 연다.
이슬 머금은 야생화가 고개 들고
싱그러운 풀 냄새 풍기는
좁다란 황톳길을
강아지 신이 나서 앞장서서 달리고
뻐꾹새 노랫소리에
산딸기가 익어간다.

인생 여로(旅路)

벌거숭이로 태어나
미로 같은 인생여로
오르막길 내리막길
산을 넘고
굽이굽이 돌아
강물도 건너면서
단 일분 앞의 일도 감지 못하면서
네가 잘났으면 얼마나 잘났고
내가 못났으면 얼마나 못났더냐?
살얼음판 같은 세상살이
더듬더듬, 더듬거리며 살아가는데
조금은 내가 손해 보며 살다 보면
모두가 편한 길을 갈 수 있을 텐데
아등바등 살아 봤자
한 줌의 재로 가는 것을!

도망자

죄 없으면 도망갈 일 있을까
신출귀몰(神出鬼沒)언제까지
얼마나 많은 불안을 안고
무수한 눈길을 피하는 일
그 발길 얼마나 오금이 저릴까

수많은 사람 가슴에
못 씻을 상처 남겨놓고
다 쓰지도 못할
그 재산 어디에 쓰려고
과욕은 반드시 화를 동반하는데-

결국은 체포 아니면 자살, 타살
죽는 날까지 숨어 살 줄 알았지만
쓸쓸히 의문의 변사체
구더기 밥으로 풀밭에 백골로 남아
조문객 한 사람 없는 도망자의 최후

조문(弔問)

향불 연기 자욱한 빈소에
촛불은 살아서 하늘하늘
영정 앞에 무릎 꿇고 앉아도
가신 임은 말이 없네.

미운 정, 고운 정
밤하늘 별 같이 남겨두고
남은 가족들의 오열을
듣기나 하는지요!

자식들에게
태산 같은 은혜를 베푸시고
조금이라도 갚을 수 있을
시간도 주시지 않은 채
이렇게 홀연히 가시다니요!

부디 고통 없는 저세상에서
평안한 영면을 빕니다.

벌초(伐草)

내가 어릴 적 꿈을 키우고 자란
고향 산야에
잠들어 계신 조상님들의 묘소
일 년에 하루 일상을 접고
일가친척 한자리에 모여
이산 저산 산소를 찾아가
무성한 잡초 말끔히 깎아
정성 드려 곱게 단장하고
술 한 잔 올리고 성묘를 하고 나면
몸은 힘들어 지쳐도 마음은 가벼워!

추석 고향 가는 길

고향집 사립문 옆
붉게 익어가는 대추나무 밑에서
팔월 열나흘 저녁노을 등지고
객지에 나간 자식들을
이제나저제나 기다리고 계실
늙으신 어머님

중추절 팔월 한가위
민족의 대이동 귀향길이 북새통이다
정성 담은 선물 챙기고
차가 밀려 기어가는 거북이 행렬
내 어머니 기다리시는 그곳
마음이 앞서가는 고향 가는 길

대단한 금배지

어디까지 갈 것이요
하라는 일은 하지 않고
무노동 무임금
어찌 생각하시나요?
일 열심히 잘하라고
국민이 달아준 금배지로
〈갑〉의 권력을 얼마나 누리려 하오?
가장 약자인 대리운전기사 불러놓고
금쪽같은 시간을 뺏어 먹고
약자의 생계는 안중에도 없이
당신네 일행은 술 마시고 하는
술주정은 아니겠지요?
당신의 권력 앞에
무릎 꿇고 굽실거려야
직성이 풀리겠는지요?
언제까지 약자 〈을〉을
무참히 짓밟을 거요?
제발 정신 놓지 말고
힘든 국민들 좀 뒤돌아보오.

가을이 익는다

불볕더위에 울던 매미 소리 사라지고
고추잠자리 날갯짓에
코스모스 춤추는 이 계절
쪽빛 하늘을 유영하는 흰 구름 아래
산과 들에선 오곡백과가 익는다.

농부님들의 구슬땀에
황금 들녘에는 풍요로움이
약속이나 한 듯이 보답을 한다.
밤나무 밑에 떨어진 토실토실한 알밤
익어가는 가을이 여기 있네.

아픈 인연

아지랑이 타고 온 봄바람에
스치듯 다가온 그 인연
모래알처럼 숱한 사람 중에
오직 한 사람 너를 만나
꿈을 키우던 삶이
모진 세파에 휩쓸려 떠나간 사람

바보 같은 사나이는

어길 수 없는 약속처럼
오늘도 나는 너를 기다리고 있다
할퀴고 찢긴 삭정이 같은
빈 가슴을 안고
풍요로운 이 가을의 한 자락엔
시린 마음은 북풍한설 휘몰아친다.

들국화

결실의 계절 산과 들에는
초목이 단풍으로 물들어 가고
키다리 억새꽃이 춤추는
산모퉁이 외진 길섶에
쪽빛 머금은 들국화

어느 누구도 돌봐 주는 이 없이
척박한 환경에서도
수줍은 듯 곱게 피어나
가을바람에 하늘거리는
야생 들국화 너를 사랑한다.

고희(古稀)날 아침에

아니 벌써
내가 고희(古稀)
마음은 청춘인데
지난날의 기억들이
주마등처럼 스쳐간다.
말 타고 긴 칼 찬 일본순사
기억에 아련한 해방을 맞고
저고리에 코 수건 달고
초등학교 입학
느닷없는
동족상잔의 6.25 전쟁
피난열차 역전에
주인 잃은 소 울음 뒤로하고
분봉하는 벌 때처럼
업고 안고 매달리고
열차의 지붕 위까지 피난민 군상
필사의 탈출
부산은 이미 만원
물금역에서 하차
이고 지고 걸어서 팔십 리
양산 통도사 앞 학교에서 피난살이

피난에서 돌아오니
우리 집도 학교도
모두가 불타고 잿더미뿐
학교 운동장 느티나무 밑이
우리들 교실
연필을 입에 문 채
일사병으로 실신하여
담임선생님의 등에 업혀
의원으로 가서
몇 시간 후에 깨어났다더군.

장난감도 없던 시절
미군이 버리고 간
탱크, 자동차 등 갖가지 군수품
우리들의 놀이터요, 장난감
내 동생은 수류탄을 갖고 놀다가
폭발과 함께 저 세상으로 보내고

그래도 배워야 산다고
초등학교 졸업하고
없는 살림에 입 하나 줄인다고
가족은 이산가족

자유당 붕괴
5.16 군사혁명
제 3 공화국
파란 만장했던 우리네 삶
새마을 운동으로
가난을 몰아내고
조국 근대화, 경제대국
우리가 일어섰네!

어린자식 굶기지 않으려고
불편하신 몸으로
온갖 궂은일 마다하지 않으신
우리 어머님!
가시고 안 계신 어머님을
호강 한번 시켜 드리지 못한
못난 놈
이놈이 오늘이 고희(古稀)라네요.

하늘에서 내려다보시면서
우리 사남매 지켜주고 계신
불쌍하게 고생만 하시다가
하늘 가신 어머니
살아생전 생신날
오늘 아침에
이 자식은 목이 멥니다!
이제는 걱정일랑 마시고
편안히 계십시오.
내 나이 칠십에
흘러온 지난 세월이
한 편의 영화 필름일세!

장가계 여행

자연의 신비
그 웅대함에
인간은 하나의 작은 미물!
장가계, 원가계
천하의 명산을 품은 곳
수억 년의 신비가
흘러내린 종유석과 석순
한 몸이 된 석주!

운해 속에 떠있는
꽃봉오리 섬, 섬들…….
천 길 낭떠러지 절벽
유리길 귀곡잔도
오금이 저린다.
천문산 구백구십구 계단에
하늘 문이 열렸구나!
장가계, 원가계 영원했으면!

명곡관

천 년 고찰 관촉사
은진 미륵 우뚝 선
반야산 자락에 터 잡아
인재육성 텃밭 일구시어
향학의 혼불 지피시며
아궁이 지키시는 명곡
굳건한 그 이름 건양이라네.
횃불 들어 어둠 밝히는
빛나는 명곡관

우리 고장 논산

우리 고장 논산을
비단강이 감싸고
옥녀봉 밑 강경 젓갈
감칠맛 내고요

단발머리 여학생
스승의 날 발원지
천 년 고찰 관촉사
은진 미륵 잔잔한 미소

계백 장군 오천 결사대
충절이 깃든 곳
우렁찬 군가 소리 메아리치는
대한민국 육군의 요람

대둔산 자락 양지쪽
명품 곶감 매달렸고
탐스러운 붉은 딸기 익는 곳
우리 고장 논산 얼씨구 좋구나.

새만금 방조제

군산과 부안을 잇는
서해안의 대역사
바다를 가로 지르는
팔십오릿길 (33.9 km)
인간의 능력이 어디까지일까?
놀라운 감동이다

울돌목 같은 물살이 거품을 물고
수문을 **빠져** 흐르는
여의도 면적의 백사십 배
지도를 바꾼 넓어진 국토에
춤추며 나는 갈매기 노랫소리
바다를 지나는 대동맥 새만금 방조제.

춘색(春色)

북풍한설 이겨내고
얼었던 대지를 뚫고
꿈이, 희망이 하나 둘
고개를 내밀던 여린 얼굴들
툭툭 터지는 꽃들의 아우성
울긋불긋 살랑대는 춤사위
봄꽃들의 정사에
벌 나비가 춤을 춘다.

연극 무대

세상이라는 무대에
올려진 내 인생
각본도 연습도 없이
연출, 감독까지 하면서
주인공 역을 맡아
희노애락을
어설픈 연기로
숱한 조연들과 엮어 가는
내 인생의 연극 무대

바다 사나이(해양 모험가)

바닷바람에
돛을 맡기고
넘실대는 파도를 가르며
단독 무기항, 무원조, 무동력으로

목숨을 담보하고

검푸른 오대양을 돌아오는
밤낮없는 칠 개월여의 항해
요트로 세계 일주
그대는 진정한 바다 사나이

무사 귀환 그날에 힘찬 만세 외치며
뜨거운 포옹으로 볼을 비비자.

가을비

곱게 물던 단풍잎 위에
가을비가 추적추적 내린다.
힘없이 떨어지는 낙엽 비
아름다운 꽃 피우고
탐스런 열매 익히고
제 할 일 다하고
떠나가는 낙엽의 아픔
영원한 이별의 눈물인가
서러운 가을비가 내린다.

포장마차

삶에 찌든 피곤한 퇴근길
늦은 밤 길거리 포장마차 구석자리
몸도 춥고 마음도 추운데

김이 모락모락 피어오르는
홍합국물과 닭똥집 익어가는
매캐한 연기가 반갑게 맞는다.

옆자리 생면부지의 사나이와 앉아
어지러운 시국을 안주 삼아
아줌마, 여기 소주 한 병 더

인생을 논하며
소주잔을 주거니 받거니
겨울밤이 졸고 있다

입동 날의 산사

시리도록 파란 하늘가에
풍성하던 가을걷이 끝내고
낙엽이 흩날리는 산사에
풍경소리 외로운데
향초 향기 자욱한 대웅전
부처님 앞의 아낙네
무슨 간절한 소원을 비는지
두 손을 가지런히 합장하고
백팔 배의 힘든 무아경
세월은 겨울의 문턱을 들어선다.

마지막 잎새

정다웠던 친구들 다 떠나보내고
마지막 남은 잎새의 안간힘
싸늘한 겨울바람에
애처롭게 떨고 있다가
마지막 잎새마저도
힘없이 떨어져내려
무서리를 하얗게 쓰고
모진 추위 견디면서
서릿발 위에서 잠들 수 있을까?

새벽길

안개 자욱한 산촌에
새벽잠을 깬
장끼가 푸드덕 날고
풀잎마다 수정 같은
새벽이슬을 알알이 매달고
아침 햇살을 기다리는데
미로 같은 짙은 안갯속을
부지런한 할아버지는 지게를 지고
워낭소리 울리며 황소가 간다.

작은 감성의 조각들

조위제 시집

초판 1쇄 : 2014년 11월 25일
지 은 이 : 조위제
펴 낸 이 : 김락호
디자인 편집 : 한지나
기 획 : 시사랑음악사랑
인 쇄 : 청룡
연 락 처 : 1899-1341
홈페이지 주소 : www.poemmusic.net
E-Mail : poemarts@hanmail.net

정가 : 10,000원

ISBN : 978-89-91664-92-0

저작권자와 맺은 특약에 따라 검인은 생략합니다.
잘못된 책은 교환해 드립니다.